AF495137

L7K
11920

# HISTOIRE

DE

# NOTRE-DAME DES MALADES

## A ORNANS,

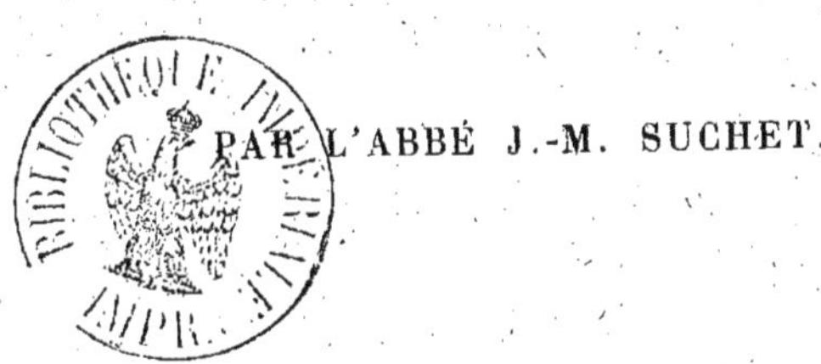

PAR L'ABBÉ J.-M. SUCHET.

Extrait des Annales franc-comtoises,
Livraisons de mars et avril 1865.

BESANÇON,
J. JACQUIN, IMPRIMEUR-LIBRAIRE,
Grande-Rue, 14, à la Vieille-Intendance.

1865.

# HISTOIRE DE NOTRE-DAME DES MALADES
## A ORNANS (1).

---

CHAPITRE Ier. — Les lépreux. — La chapelle et l'image de Notre-Dame. — Les premières fondations. — La victoire des Ornanais. — Le cimetière. — Les pestiférés.
(1291 à 1600.)

A un kilomètre au nord-ouest d'Ornans, entre cette ville et la gorge qu'on appelle les *Combes de Punay*, la montagne forme une espèce d'amphithéâtre couvert de vignobles. Au pied de cette enceinte naturelle s'étend un terrain planté d'arbres fruitiers et arrosé par une petite source qui se perd dans les champs. Ce lieu est indiqué dans les anciennes cartes du comté de Bourgogne sous le nom de *Notre-Dame*. C'est le nom qu'il porte encore aujourd'hui. Une grande croix de bois fixée dans un bloc de pierre grossièrement travaillé s'élève au milieu des arbres, pour indiquer l'emplacement de l'antique chapelle de la Vierge, dont il ne reste pas vestige. Mais si l'édifice a disparu, les archives d'Ornans conservent de nombreux témoignages du respect que nos pères avaient voué à ce sanctuaire de Marie, et c'est à ces archives que nous allons emprunter l'histoire de NOTRE-DAME DES MALADES (2).

La lèpre, que Job appelle le *fils aîné de la mort*, était commune en Orient. Moïse avait établi des règlements pleins de sagesse pour protéger les Hébreux contre ce mal. On éloignait des villes ceux qui en étaient infectés, et on les reléguait dans des lieux réservés qu'on appelait les *léproseries*. Au moyen âge, les croisés retrouvèrent la lèpre en Palestine,

(1) Cette notice fait partie d'un ouvrage en préparation qui sera publié sous le titre de *Notre-Dame de Franche-Comté*.

(2) Les documents nombreux à l'aide desquels nous avons pu composer cette notice, nous ont été communiqués par M. l'abbé Grosjean, curé de Hautepierre, qui a dépouillé les archives d'Ornans avec autant de zèle que d'habileté.

La religion chrétienne s'efforça d'adoucir le sort de ceux qui en étaient atteints, en tempérant par la charité les précautions qu'exigeait l'hygiène publique. Mais le fléau fut plus puissant que tous les obstacles qu'on lui opposa. Les soldats de la croix, de retour en Europe, y rapportèrent la lèpre. Le mal devint bientôt si commun en France qu'on dut créer partout des retraites isolées pour y confiner les lépreux. Dès l'an 1226, Louis le Jeune, mourant au château de Montpensier, léguait par son testament cent sols à chacune des *deux mille* léproseries de France. Le comté de Bourgogne en possédait un grand nombre, dont on retrouve la trace dans les monuments de son histoire. Aux portes de Besançon, le village de la Vèze se composait surtout, dès le XII^e siècle, des nombreuses cellules des lépreux, réunies autour de la chapelle de Saint-Lazare (1).

C'est à la même époque que remonte la léproserie établie près d'Ornans, avec une chapelle dédiée à la Vierge sous l'invocation de Notre-Dame des Malades. Relégués dans ce lieu solitaire, auquel on donna dès lors le triste nom de *Désert des malades*, et qui était entouré de *bois, buissons, broussailles et bouccaiges* (2), les lépreux vivaient isolés du monde. Ils avaient, près de leur demeure, une source dont personne ne leur disputait la possession, et trouvaient dans les dons de la charité et dans les fruits de leur jardin les choses indispensables à la vie. Mais la religion ne les oubliait pas; car les abandonnés sont ses enfants. Dès l'an 1291 un pieux citoyen d'Ornans, M. Besançon, prêtre familier de Sainte-Madeleine, leur fit un legs dans son testament, daté du samedi après l'Epiphanie (3).

D'autres bienfaiteurs, dont les noms ne sont connus que de Dieu, prirent en pitié ces pauvres déshérités du monde. Les villages voisins contribuèrent à l'entretien de la chapelle et du logement des lépreux. Ce n'était que justice; car ces villages, étant admis à y envoyer leurs malades, devaient aussi fournir leur part aux ressources de l'hospice.

Pendant plus de deux cents ans, c'est-à-dire de 1291 à 1519, l'histoire est muette sur cet établissement hospitalier. Tout ce qu'on en peut dire,

(1) Cet hospice de lépreux fut l'objet de la munificence des sires de Montfaucon.

(2) *Des journées de la justice et prévotey d'Ornans;* pièce de 1567. (Archives d'Ornans.) C'est à cette date que les coteaux voisins de Notre-Dame furent défrichés et emplantés de vignes, « suyvant l'ancienne coustume dud. Ornans. »

(3) « Ego Bisuntius de Ornans, presbyter familiaris in ecclesiâ beatæ Mariæ Magdalenæ Bisuntinæ, do et lego leprosis de Ornans quinque solidos. (Parchemin original, archives d'Ornans.)

d'après les documents qui nous restent, c'est que les lépreux trouvaient dans le culte de celle qui est appelée le *Salut des infirmes*, quelques consolations à leurs misères. La chapelle était désignée dans le pays sous le nom de *Nostre-Dame dicte la Maladière* (1). Sur l'autel était exposée une statue de la Mère de Dieu « de pierre blanche relevée en bosse, » tenant en main un sceptre et son petit enfant, avec deux anges de » même pierre blanche aux deux coustels (côtés) d'icelle, portant en » main chascun un chandelier. » Cette madone reposait sur « un pied » de pierre à jour. »

Plus tard la piété des fidèles se plut à l'embellir. On la revêtit d'une « robe de satin vert figuré, au devant de laquelle estoit une pièce de » brocadelle d'or, et, au bas d'icelle, des points coupés en broderie où il » y avait un passement d'or au bas (2). »

Soit que le nombre des lépreux eût diminué et que leur mal fût devenu moins affreux, soit que le culte de la Mère de Dieu eût affaibli l'horreur qu'avait d'abord inspirée le voisinage des malades, les fidèles s'habituèrent à fréquenter la chapelle de Notre-Dame. En 1519, ce sanctuaire était déjà *ruineux et caduc par sa vieillesse*. On s'empressa de le relever aux frais des habitants d'Ornans et des lieux voisins (3), et c'est probablement après cette restauration que la chapelle de Notre-Dame des Malades fut consacrée solennellement. La fête de sa dédicace se célébra dès lors le 24 juin, et ce jour-là toute la paroisse d'Ornans s'y rendait en procession (4).

Dès le XVIe siècle cette ville possédait dans son sein un grand nombre de familles distinguées par la naissance et par les charges qu'elles remplissaient dans la province. La plus célèbre était celle des Perrenot de Granvelle, qui tint à honneur de témoigner sa piété envers Notre-Dame

(1) Pièce de 1553, sur parchemin, relative à un procès des habitants d'Ornans.

(2) Inventaires de 1619 et de 1622. (Archives d'Ornans.)

(3) Jehan Darc est chargé de recueillir six blancs par feug des manans et résidans ès villes d'Ornans, Villafans, Montgesoye, Eschevanes, Lavans, Voyres, Durnes, Guyans, la Charbonnière, Bonnevaulx, Saules, Tarcenay, Scey, Masières et Chassaigne, pour satisfaire... à la réparacion de la chappelle de la maladrerie d'Ornans, parce que les habitans des lieux dessusdits de toute ancienneté avoient toujours esté subjects à contribuer aux réparacions et maintenement de ladite chappelle et de la maison des malaides entaichés de lèpre mis en icelle... Et à raison de ce que ladite chappelle estoit ruyneuse et caduque par sa vieillesse, qu'elle tomboit par terre,... lesdits d'Ornans, etc., avoient esté admonestez de réparer icelle chappelle. (Traité concernant la maladrerie, 1519. Arch. d'Ornans.)

(4) Livre d'anniversaires. Ibid.)

des Malades. Le cardinal de Granvelle avait fondé, dans l'église paroissiale, une chapelle en l'honneur de Notre-Dame des Sept Douleurs. Il fonda sous le même titre, dans la chapelle des Malades, un office qui se célébrait le vendredi avant Pâques fleuries, voulant ainsi témoigner tout à la fois sa confiance en Marie et son affection pour les habitants, qu'il appelait dans ses lettres *ses bons amis d'Ornans* (1). D'autres fondations pieuses avaient été faites dès le XVIe siècle en faveur du sanctuaire de la Vierge, et les fidèles ne manquaient pas de s'y rendre dévotement aux jours fixés pour quelque solennité (2). Le premier jour du mois d'août, on y faisait « une procession générale, vouée par les habitans de ceste ville, en souvenance et actions de grâces de la défaite des gens de guerre de Henry quatrième, roy de France, dont fut délivrée ladite ville la nuict dudit jour (3). » C'est en 1595 que l'armée de Henri IV, commandée par le maréchal de Biron, avait envahi la Franche-Comté (4). Toute la région située au nord d'Ornans, Vercel, Gonsans, Nancray, Bouclans, etc., avait été ravagée. Au mois de juillet, le roi vint commander son armée en personne, et tandis qu'il était devant Besançon, ses soldats, détachés par troupes, attaquaient les châteaux voisins. Une de ces bandes ennemies se présenta devant la ville d'Ornans. Les habitants, fidèles au roi d'Espagne, la repoussèrent avec vigueur. Cette heureuse délivrance fut regardée comme un bienfait du Ciel, et on voulut en conserver le souvenir en faisant chaque année, à Notre-Dame des Malades, une procession dont l'usage se maintint même après la conquête de la Franche-Comté par Louis XIV (5).

La chapelle de la Vierge, bâtie dès l'origine dans le style ogival, et couverte de laves selon la coutume du pays, subit dans la suite diverses réparations. La voûte, « à trois arcs ou voussures, étoit ornée de plusieurs figures bien propres. » Entre le chœur et la nef était dressée une

(1) « Le vendredi avant Pasques flories sont fondées les heures canoniales et une messe *de doloribus B. M. V.* à diacre, à la chappelle Notre-Dame dicte des Malades, par mons. de Granvelle. » Cet office, fondé par le cardinal ou au moins par sa famille, fut réduit en 1607 à une grand'messe qui se célébra jusqu'à la révolution. (Livre d'anniversaires, 2 avril.)

(2) « Missas ex fundatione et antiquâ consuetudine debitas celebrari curent, bona et reditus ab eâ dependentia requirant. » (Article relatif à Notre-Dame dans le décret de visite de Ferdinand de Rye, en 1615. Arch. d'Ornans.)

(3) Livre d'anniversaires, au 1er août. (Ibid.)

(4) D. Grappin, *Mémoire sur les guerres du seizième siècle*, p. 161.

(5) Elle se faisait encore dans le cours du XVIIIe siècle. (Registre de délibérations de 1724, 26 et 29.)

jolie balustrade surmontée d'un crucifix. Au fond s'élevait une tribune, et deux petits autels latéraux étaient construits en avant de l'autel principal (1). Dans le voisinage de la chapelle était le cimetière des lépreux, qu'on fut bientôt obligé d'agrandir ; car, tandis que la lèpre disparaissait peu à peu, un fléau bien plus terrible lui succédait. C'était la peste, qui « régna généralement au comté de Bourgogne, et *spécialement à Ornans*, par six et sept mois de continuation, et depuis, à diverses reprises (2). » Or, c'est encore auprès du sanctuaire de la Mère des Douleurs que toutes ces victimes de la peste avaient leur sépulture. Les prud'hommes d'Ornans désignèrent des *enterreurs* chargés de conduire au cimetière de Notre-Dame tous ceux qui mouraient de contagion. La ville payait à ses frais ces pourvoyeurs de la mort. Elle leur avait acheté un cheval pour le service des convois, leur fournissait du vin et payait la chaux qu'ils jetaient sur les fosses où l'on entassait les cadavres (3).

D'autres malheureux trouvaient aussi leur dernier asile auprès de Notre-Dame des Malades. C'étaient les passagers, les pauvres sans feu ni lieu qui mouraient à Ornans, les étrangers expirant loin de leur pays, et enfin les *suppliciés* que les confrères de la Croix y transportaient « pour moins déplaire à personne touchant la sépulture (4). »

Quel lugubre rendez-vous ! Lépreux, pestiférés, suppliciés, passagers, exilés sans parents et sans amis, toutes les infortunes se réfugient auprès de la bonne Vierge. Les rangs des victimes de la mort étaient de plus en plus pressés. La place manquait, et il fallut élargir le terrain où venaient s'entasser tous ces malheureux. Aussi on fit un nouveau cimetière près de la chapelle, et M^gr^ de Vaulx, suffragant de l'archevêque de Besançon, fut invité à le bénir. La cérémonie eut lieu en l'année 1600. « Cinq croix de bois colorées de rouge furent faites pour la bénédiction du cimetière. » Le suffragant donna, dans la même circonstance, la confirmation dans l'église paroissiale, et les échevins, comme témoignage de reconnaissance, lui firent présent *d'ung bon chevreux* (5).

Ainsi, dès le XVI^e^ siècle, la chapelle de Notre-Dame des Malades était, pour les habitants d'Ornans et des lieux voisins, un lieu plein de pieux et tristes souvenirs. On aimait à y prier pour les pauvres de Dieu dont

(1) Inventaires de 1622, 1659 et 1686.

(2) Lettres patentes de Philippe II aux habitants d'Ornans, datées de Bruxelles, 31 octobre 1596. (Arch. d'Ornans.)

(3) Registres des délibérations de septembre 1585, 1586 et 1589.

(4) Requête de la confrérie de la Croix au parlement, 7 juillet 1599.

(5) Délibérations des 16 mai 1599 et 22 décembre 1600 et livres de comptes de 1601.

les corps reposaient dans le cimetière voisin. On allait y demander le courage nécessaire au milieu des épreuves continuelles de ces malheureux temps, et dans les tristesses de la vie présente, les âmes se sentaient attirées vers tout ce qui pouvait leur rappeler le souvenir d'un monde meilleur et leur en inspirer l'espérance.

CHAPITRE II. — L'ermite Broichot. — Notre-Dame de Montaigu. — Offrandes à la Vierge. — Abus. — La chapelle dévastée. — Procession d'Ornans à Besançon. — *Ex-voto.* — Fondation d'un bénéfice.

(1600 à 1619.)

Au commencement du XVII^e siècle, il ne restait plus vestige du logement des lépreux. La chapelle était donc isolée et sans gardien. Quoique protégée par le respect qu'inspirait le nom de Notre-Dame des Malades, elle était exposée à être profanée et dévalisée par quelques-uns des malandrins dont le pays n'était pas exempt; car, dès l'an 1567, on signalait le bois voisin de Notre-Dame « comme un lieu très dangereulx. » Aussi le conseil de la ville d'Ornans accueillit avec faveur la demande d'un ermite, nommé Anselme Broichot, natif de Gray, qui priait le mayeur et les échevins de « luy permettre, tant pour la gloire de Dieu et de sa glo- » rieuse Mère que pour l'édification et consolation du peuple, de dresser » et édifier au joignant de ladite chappelle un bastiment en forme d'her- » mitage, pour la résidence et demeure de luy et de ses successeurs. » Il ne demandait pour toute faveur que la permission « de faire queste en » ville pour sa pauvre vie corporelle, » et s'obligeait à prier Dieu pour la santé et prospérité des habitants, à leur rendre service en toute chose, « et mesme, aydant Dieu, advenant quelque danger et peste (que Dieu » ne veult!), d'assister les malades de la ville de son mieux et possi- » ble (1). »

Le conseil accorda volontiers la demande de l'ermite, sous la condition qu'il n'aurait avec lui qu'un serviteur, qu'en cas de peste il assisterait les malades, qu'il garderait la résidence et se conduirait enfin en homme de bien et en véritable ermite. La ville se réservait, en outre, pour l'avenir, le droit de collation et de patronage, et exigeait que Broichot promît de se conformer en tout aux statuts synodaux relatifs à la vie érémitique. Ces précautions n'étaient pas inutiles, dans ce temps où la province était inondée de prétendus ermites venus de tous pays, sans caractère reli-

(1) Original aux archives d'Ornans, daté de juillet 1605.

gieux et sans supérieur régulier, qui, sous prétexte de dévotion, vivaient aux dépens du pauvre peuple et au scandale des fidèles (1). Les habitants d'Ornans espéraient mieux de Broichot, qui était prêtre et Franc-Comtois, et qui avait été précédemment (de 1600 à 1605) gardien de l'ermitage de Saint-Roch, à Salins (2). Mais leur espérance ne devait pas tarder à être cruellement déçue.

Une fois en possession du titre de gardien de Notre-Dame des Malades, Anselme Broichot se mit à construire son logement, avec l'aide de quelques hommes dévoués à sa pieuse entreprise. Il eut bientôt un petit bâtiment assez commode, avec un verger et un jardin entourés d'une haie vive (3). Il fit placer dans son ermitage une cloche destinée à régler ses exercices et à inviter le peuple à la prière, et s'occupa de mettre en bon ordre les ornements de la chapelle, afin qu'elle fût, comme il l'avait promis, « mieux décorée, conservée et desservie. »

Les ermites formaient, dans le diocèse de Besançon, une congrégation soumise aux règlements établis pour eux par l'archevêque. Plusieurs étaient prêtres. Ils portaient tous l'habit monastique, la ceinture et le capuce, et promettaient de vivre en pauvreté, chasteté et obéissance. Il ne devait y avoir qu'un ou tout au plus deux solitaires par ermitage. Les ermites étaient ordinairement gardiens de quelque sanctuaire en vénération, et devaient réciter tous les jours l'office de la sainte Vierge.

En dehors de leurs exercices de piété, ils s'occupaient, dans leur ermitage, du travail des mains et de l'enseignement des enfants pauvres, lorsqu'ils étaient autorisés à tenir une école.

Pendant les premières années de son séjour à l'ermitage de Notre-Dame, Anselme Broichot parut s'occuper avec zèle de tout ce qui pouvait favoriser la dévotion des fidèles envers la Mère de Dieu. Le pèlerinage fut plus fréquenté, et la paroisse d'Ornans s'y rendait en procession solennelle dans toutes les circonstances importantes. Une faveur extraordinaire vint encore augmenter la dévotion des fidèles. L'antique statue en pierre blanche, représentant la Mère de Dieu, était toujours entourée de respects. Mais vers l'an 1608, une nouvelle image, faite du bois mi-

(1) « Subortus ante aliquot annos eremitarum, præsertim extraneorum (qui nullum regularem superiorem habent) in hâc diœcesi numerus, etc. » (Statuta synod. Ferd. à Ryà, 1605.)

(2) Ermitage dédié à saint Roch, saint Sébastien et Notre-Dame des Sept-Douleurs. Il fut fondé par d'Udressier en 1579. On y faisait une procession annuelle le 16 août. C'est aujourd'hui une propriété particulière.

(3) Inventaire de 1622.

raculeux de Montaigu, fut installée dans la chapelle de Notre-Dame des Malades. On sait que Montaigu est un lieu célèbre de dévotion de la province de Brabant, en Belgique. Sur un des chênes antiques qui couronnaient le sommet de cette montagne, on avait fixé, depuis un temps immémorial, une statuette de la Vierge qui fut en très grande vénération dès le xve siècle. Des miracles nombreux s'y accomplirent, et le savant Just Lipse, l'ancien secrétaire du cardinal de Granvelle, en écrivit l'histoire en 1605 (1). L'archiduc Albert et son épouse Isabelle-Claire-Eugénie avaient alors le gouvernement de la Franche-Comté et des Pays-Bas. Leur piété bien connue ne pouvait rester indifférente à ce mouvement religieux qui attirait si puissamment une province de leurs Etats. Ils firent donc élever, au sommet de Montaigu, une magnifique église, où fut déposée l'image miraculeuse, devant laquelle les peuples catholiques vont encore aujourd'hui prier avec la même ferveur. Quant au chêne antique où la Madone avait reçu pendant longtemps les hommages des pèlerins, il fut abattu, et ses débris furent transportés dans la petite ville de Sichem, bâtie au pied de la montagne. Depuis ce temps (1604), ces débris ont servi à faire un grand nombre de statuettes de Notre-Dame, qui sont connues sous le nom de Vierges de Montaigu (2). Une portion du chêne vénéré avait été donnée à l'archiduc Albert. Ce prince aimait beaucoup son comté de Bourgogne, et les habitants d'Ornans, qui faisaient souvent le voyage de Bruxelles, où était le siége du gouvernement de notre province, obtinrent facilement de lui une statuette de Notre-Dame de Montaigu (3). Elle fut placée dans la chapelle des Malades vers l'an 1608, et fut ainsi une des premières images de la Vierge honorées sous ce titre en Franche-Comté (4).

La piété des peuples se montra dès lors jalouse d'embellir le sanctuaire

(1) « Justi Lipsi Diva Sichemiensis, sive Apricollis. » Anvers, édition de Plantin; in-4°; 1606.

(2) « Unde quidam et icunculas sibi fecere et piè colunt. » (Ibid., page 11.)

(3) On ne sait par qui elle fut apportée à Ornans. Mais les registres des délibérations attestent que le mayeur de cette ville ou d'autres députés se rendaient souvent à Bruxelles pour les affaires importantes. Ces relations amicales de la Comté avec la Flandre multiplièrent en Franche-Comté les statues de Notre-Dame de Montaigu, au point que l'archevêque Ferdinand de Rye fut obligé de régler cette dévotion par le décret suivant de 1611 : « Districtè prohibemus sub pœnis à jure in hoc casu comminatis, ne quis imagines B. M. Virginis de Monte Acuto vulgò nuncupatæ, in ecclesiis nostræ diœcesis solemniter constituere et erigere audeat uti miraculosas, nisi priùs per nos aut vicarium nostrum generalem recognitæ fuerint. » (Statuts synodaux.)

(4) Celle de Gray, qui devint si célèbre, ne fut apportée qu'en 1613.

de Notre-Dame des Malades ; car les faveurs obtenues par son intercession devenaient plus nombreuses et plus éclatantes. Quelquefois les processions s'y faisaient trois jours de suite, tous les habitants devaient y prendre part, et les jeunes filles y assistaient vêtues de blanc (1). Les meilleures familles se faisaient honneur d'offrir quelque ornement à la Mère de Dieu. Anne Grospain, d'Ornans, donna un calice d'argent, « doré au pied et au bouton. » Le sieur Maillot, de Vuillafans, offrit « ung petit tabernacle doré dans lequel l'on souloit entreposer l'image de Notre-Dame de Montaigu, et où estoient dépeintes ses armes. » Le prieur de Mouthier, M. de Montfort, fit présent « d'une large lampe d'argent, avec trois chaînons aussi d'argent, en laquelle étoient gravées ses armes (2). » Les pauvres comme les riches voulurent avoir leur part dans ces trophées dressés en l'honneur de la Vierge divine, et une foule d'objets pieux offerts en *ex-voto* ornèrent bientôt le sanctuaire de Notre-Dame des Malades.

Mais il en est de la piété comme de toutes les choses saintes et divines, où l'homme apporte les imperfections de sa nature. L'abus se glisse aisément à côté de l'usage légitime, et quand l'Eglise n'est pas là pour imposer aux âmes trop ardentes son autorité modératrice, la superstition remplace facilement la vraie dévotion. C'est ce qui arriva quelquefois à Notre-Dame des Malades. Une confiance exagérée demandait des miracles et voulait en obtenir par des rites singuliers que l'Eglise n'autorise pas. Ce qu'il y eut de plus déplorable, c'est que l'ermite Broichot se prêta, par des motifs blâmables, à ces pratiques du peuple, dont la foi simple et naïve est presque toujours digne d'excuse devant Dieu.

Depuis quelque temps le magistrat d'Ornans ne témoignait plus à l'ermite de Notre-Dame la même confiance qu'auparavant. En 1610, le conseil avait dû lui interdire de tenir une école dans son ermitage, en lui notifiant les statuts de la ville à cet égard (3). L'année suivante, il s'attire un mandement de garde pour avoir exercé un prétendu droit de pâturage à la Malcôte. Le conseil veut bien encore reconnaître « le zèle qu'il témoigne à la décoration de la chapelle, » et lui permettre même de pren-

(1) Délibérations du 16 juin 1613 et du 12 juin 1617.

(2) Inventaire de 1622.

(3) La liberté d'enseignement n'existait que pour les communes qui choisissaient elles-mêmes leurs maîtres d'école. Le recteur nommé par la ville d'Ornans avait seul le droit d'y enseigner. Dès le XVI^e siècle, les écoles de cette ville étaient prospères. En 1584, le conseil écrit au parlement que l'instruction de la jeunesse est sous la direction d'un vicaire, homme docte, et d'un précepteur, *docteur ès droit.* Les minimes, établis à Ornans dès 1606, y enseignaient la philosophie au XVIII^e siècle.

dre avec lui un coadjuteur, « pour satisfaire aux pieuses intentions des » personnes venant en pèlerinage et dévotion; » mais c'est à condition que ce coadjuteur n'aura pas droit de succession (1). Broichot ne voulait point de toutes ces réserves. Il prétendait être maître et seigneur de Notre-Dame, et s'y conduire à sa guise, au spirituel comme au temporel. Il disposait à son gré des ornements, des *ex-voto* et des offrandes de la chapelle. Il enlevait l'image de la Vierge du tabernacle où elle était enfermée, pour l'exposer à tout propos à la vénération du peuple. Il la plongeait dans l'eau qu'on lui apportait à bénir, employant, pour cette cerémonie, des prières et des rites non approuvés de l'Eglise, et attribuant à cette eau bénite une vertu merveilleuse. Au lieu de garder fidèlement cette image vénérée dans son sanctuaire, il la prêtait pour quelque temps à certaines familles, et en substituait une autre qui n'était point autorisée. Il recevait à la chapelle les enfants morts-nés, permettait qu'on les baptisât en sa présence en pratiquant des observances superstitieuses pour reconnaître s'ils donnaient signe de vie, et leur accordait la sépulture en terre sainte sans avoir aucune preuve qu'ils eussent été légitimement baptisés. Il publiait, de sa propre autorité, de nouveaux miracles qui n'avaient été ni examinés ni reconnus par l'autorité diocésaine. Il était autorisé à entendre les confessions des fidèles seulement au temps de peste ou dans la nécessité extrême, et il les entendait en tout temps. Il avait promis de vivre dans sa cellule en vrai anachorète, selon les règles de son institut, et il y recevait continuellement les étrangers et les personnes suspectes (2).

Une telle conduite était évidemment irrégulière. Elle allait bientôt devenir criminelle. Mais le scandale même que préparait Broichot devait servir à ranimer la foi des peuples et à donner, pour l'avenir, une organisation plus régulière au service de Notre-Dame.

L'archevêque de Besançon, Ferdinand de Rye, informé juridiquement de la conduite peu édifiante de l'ermite, prit des mesures pour réprimer les abus qui lui étaient signalés. Son décret de visite, daté d'Ornans le 20 septembre 1615, est empreint d'une grande sagesse. Il y flétrit les pratiques superstitieuses auxquelles le gardien de Notre-Dame se prêtait si facilement, et lui interdit tout ce qui pouvait devenir une occasion d'erreur pernicieuse ou exciter le soupçon d'un lucre honteux. « Nous lui

(1) Inventaire de la ville, nº 395. — Délibération du 27 décembre 1613.

(2) Décret de visite de Ferdinand de Rye, 1615. (Arch. d'Ornans.) — Acte d'accusation contre Broichot, 1619. (Ibid.)

» défendons, dit-il enfin, de publier d'une manière quelconque aucun » miracle nouveau, avant que nous l'ayons examiné et reconnu; et s'il » arrive quelque chose qui ait l'apparence d'un fait miraculeux, il le fera » connaître à nous ou à notre vicaire général, afin que le tout soit exa- » miné soigneusement avec le concours des théologiens et des hommes » pieux, et que nous puissions décider conformément à la vérité et à la » piété. »

Cet avertissement était trop paternel pour qu'il profitât à un homme aussi absolu, aussi confiant en lui-même que l'était Broichot. Il ne tint compte ni des observations de son évêque ni des réclamations des habitants, tellement qu'au mois d'octobre 1618, le magistrat d'Ornans le somma d'avoir à se conformer aux conditions qu'il avait acceptées en entrant à Notre-Dame, ou à en sortir afin de se pourvoir ailleurs (1). L'ermite dissimula, jusqu'au jour où il mit à exécution l'infernal projet qu'il avait conçu avec quelques complices de son sacrilége.

C'était pendant la nuit du 10 août 1619. Vers les onze heures du soir, au moment convenu d'avance, huit cavaliers, compatriotes de Broichot, arrivent auprès de l'ermitage. Tout était plongé dans le silence, et l'ermite avait dissimulé soigneusement tout ce qui aurait pu laisser soupçonner ce qui allait arriver. Il avait renfermé dans des caisses les vases sacrés et autres objets précieux qui devaient être saisis par ses complices. Les envahisseurs étaient « armés de pistolets et aultres armes, par intelli- » gences qu'ils avoient avec frère Anselme Broichot, résidant en la cha- » pelle, pour distraire et enlever, selon qu'on a heu advertissement, les » ornements et choses plus précieuses y ouffertes dès plus de dix ans » encea (2). » En cas de résistance de la part des habitants, ils devaient se dire autorisés et envoyés par son excellence le comte de Champlitte, gouverneur de la province (3). Tandis qu'ils accomplissent leur sacrilége, le bruit se répand dans la ville qu'on dépouille Notre-Dame. Ce fut un scandale immense, qui souleva tous les habitants. Ils courent à la chapelle. Les cavaliers graylois essaient de repousser les Ornanais. Plusieurs de ceux-ci sont exposés à leurs coups (4). Mais, grâce à leurs efforts, les

(1) Délibération du 21 octobre 1618.

(2) Délibération du 17 août 1619. Ces derniers mots indiquent qu'en 1619, il y avait plus de dix ans que Notre-Dame de Montaigu était dans la chapelle. Elle remonte donc à 1608.

(3) Ibid.

(4) « Unde subortum fuit in oppido Ornacensi scandalum cum plurimorum incolarum periculo. » (Acte d'accusation contre Broichot, Arch. d'Ornans.)

caisses que Broichot et ses complices avaient préparées, ne purent être enlevées. Les profanateurs prirent la fuite, emportant quelques objets précieux, parmi lesquels se trouvait le plus précieux de tous, la statue vénérée de Notre-Dame de Montaigu.

Dès les jours suivants, on se mit en mesure de recouvrer les objets volés et de faire punir les coupables. Noble Claude de Chassagne et messire Adrien Monnier sont envoyés à Gray auprès de son excellence le comte de Champlitte, pour l'informer de ce qui est arrivé, et le « supplier » de mettre ordre convenable pour le bien et soulagement des habitans d'Ornans. » — D'un autre côté, le mayeur est député auprès de l'archevêque, qui était à Montrond. — Une autre députation se rend à Dole pour informer la cour du parlement. Les huit complices de l'ermite sont saisis et conduits sous bonne escorte dans cette ville (1). Quant à Broichot, le procureur impérial de la cour archiépiscopale informe contre lui et signale tous ses excès en réclamant les rigueurs de la justice de l'archevêque (2).

Les recherches les plus actives furent faites pour retrouver l'image de Notre-Dame. On la découvrit à Besançon, et, sans perdre un instant, le magistrat organisa, le 22 août, une procession générale des habitants d'Ornans pour aller la rechercher jusqu'à la ville métropolitaine. Ce fut une manifestation vraiment populaire de la piété des fidèles envers la Mère de Dieu. Chaque famille s'y fit représenter au moins par un de ses membres. Les minimes se joignirent au clergé paroissial et aux autres communautés et confréries. La sainte image, après avoir été dûment reconnue par l'archevêque de Besançon, fut rapportée solennellement dans son sanctuaire et confiée à la garde de messire François Chapusot, vicaire d'Ornans, qui fut dès lors désigné comme devant être chapelain de Notre-Dame (3). Il ne resta, du scandale qui avait été donné, qu'une plus grande affection de la part des fidèles pour le sanctuaire de la Vierge, et un désir d'expier les profanations commises, par un redoublement de dévotion. La justice suivit son cours à l'égard de Broichot. Il fut interdit et enfermé dans les prisons de l'archevêché (4). On saisit tous les effets mobiliers qui lui appartenaient pour payer les dépenses dont

(1) Délibérations des 17 et 23 août 1619.

(2) Parmi les personnes interrogées, le réquisitoire cite Pierre Maillard, vigneron de Besançon. C'est probablement chez lui qu'on retrouva l'image de Notre-Dame.

(3) Délibérations des 22 et 29 août 1619.

(4) Accordance des habitants d'Ornans avec les religieux du couvent de Saint-François. (Arch. d'Ornans.)

son sacrilége avait été l'occasion, et comme il avait légué tous ses biens aux cordeliers de Besançon, M. Chevroton, curé d'Ornans, consentit à payer à ces religieux une somme de quatre-vingts francs pour les meubles que Broichot avait laissés dans l'ermitage (1). On replaça dans la chapelle la plupart des objets pieux, *ex-voto*, ornements, etc., qui en avaient été distraits, et le reste fut gardé provisoirement dans la sacristie de l'église paroissiale. Parmi les objets précieux que l'inventaire signale, et qui avaient été probablement l'objet de la convoitise de Broichot, nous mentionnerons des cierges pesant jusqu'à *quarante-cinq livres*, deux tableaux de velours noir garnis d'une multitude de cœurs, de croix, de bagues et d'images de Notre-Dame, en or et en argent; on voyait encore sur ces tableaux un œil d'argent *avec un chaîniron*, une petite perle, une image d'argent carrée, *y ayant une Notre-Dame et un personnage à genoux*, des jambes et des oreilles d'argent, *une petite couronne de lames d'argent à jour*, etc. Sur deux autres tableaux de taffetas s'étalaient aussi un grand nombre d'*ex-voto* de même espèce, croix, cœurs, images, chaînes, tuniques, bagues, statuettes, etc., d'or ou d'argent. Ces deux tableaux offraient plus de quatre-vingts *ex-voto* de matière précieuse, et à l'entour, les pauvres, bien plus nombreux, avaient suspendu leurs modestes offrandes en cire, en images, etc. (2). La reconnaissance des pieux dévots de la sainte Vierge multiplia, dans la suite, ces *ex-voto*, parmi lesquels on distinguait une main d'argent sur laquelle était écrit : *François Bessand, de Pontarlier*, une image d'argent représentant un petit enfant, un soleil d'argent en ovale, un chapelet doré, avec des croix de nacre de perle, des pendants d'or émaillés *au milieu desquels sont grenats rouges et où pendent d'autres petites perles*, un autre pendant d'or émaillé *au milieu duquel est enchâssée une émeraude*, etc. (3).

Ces détails, que nous abrégeons, suffisent pour montrer quel intérêt les populations religieuses du val de la Loue attachaient au sanctuaire de la Mère de Dieu. Aussi, après le départ de Broichot, on s'occupa d'y établir un bénéfice et d'y attacher définitivement un prêtre connu, avec le titre de chapelain de Notre-Dame. La chapelle avait été déjà précédemment dotée par le magistrat d'Ornans. Mais il fallait en assurer les revenus par des dispositions précises et les accroître par des bienfaits nouveaux.

(1) Le P. Léonard Mourel, qui avait procuration des cordeliers, céda tout le mobilier de Broichot, à l'exception de quelques livres et « d'ung horloge qui s'est trouvé en la chapelle. » (Arch. d'Ornans, 25 octobre 1620.)

(2) Inventaire de 1619, fait par M. Cl. Boituset, official diocésain.

(3) Inventaire de 1622.

C'est ce que fit M. Chevroton, curé d'Ornans. Ce digne pasteur, voulant seconder la piété de ses paroissiens, fit une donation généreuse en faveur du sanctuaire de Notre-Dame, en rappelant toutefois ce qu'avait déjà accompli la charité des habitants pour cette chapelle, où « la glorieuse » Vierge avoit aggréable d'estre honnorée et servie. » Il y fonda un bénéfice simple, voulant que le titulaire fût à l'avenir un *prêtre séculier*, présenté par les mayeur, échevins et bourgeois d'Ornans. Outre une rente annuelle et perpétuelle de six francs, monnaie du comté de Bourgogne, payable le jour de la fête de saint Michel, il abandonna au chapelain la moitié des oblations qui se feraient à la chapelle, sous la condition qu'il résiderait dans la maison attenant à l'église, qu'il y vivrait vertueusement, et qu'il serait tenu d'assister les pestiférés selon son pouvoir, « tant » que sa santé le permettra sans hazard de sa vie. » Dans le cas où le chapelain viendrait à prendre l'habit d'ermite, il est stipulé qu'on le remplacera aussitôt. Cet article montre combien le souvenir de Broichot était devenu odieux. On ne voulait pas même revoir auprès de la chapelle de Notre-Dame l'habit qu'il avait profané. Les conditions de cette fondation nouvelle furent approuvées le 11 septembre 1619, par l'archevêque Ferdinand de Rye, qui nomma pour premier titulaire de ce bénéfice François Chapusot, vicaire d'Ornans. Le magistrat l'avait présenté pour cette nomination « à raison de sa prudhomie, piété et dévo» tion, et du zèle qu'il avait de bien servir la sacrée Vierge, ainsy qu'il » l'avoit témoigné par le passé, pour les services qu'il a rendus au pu» blic (1). » François Chapusot accepta le titre de chapelain de *Nostre-Dame de la Maladière*. Il prit possession le 25 septembre 1619, « par le » baiser du mylieu et deux quarrés de l'autel et par l'attouchement du » calice, etc. » On lui remit solennellement les clefs de la chapelle, et nul ne mit opposition à la nomination du nouveau chapelain, dont le mérite était universellement apprécié (2). Malgré le culte rendu à l'image faite du bois miraculeux de Montaigu, la chapelle fut érigée en bénéfice sous le nom ancien et vénéré de Notre-Dame des Malades, qu'elle a toujours porté jusqu'à sa destruction.

(1) Délibération du 22 août 1619. L'acte de fondation fut passé à Besançon le 4 septembre 1619 et confirmé le 11 du même mois par l'archevêque, en son château de Montrond. (Arch. d'Ornans.)

(2) Acte de prise de possession rédigé par Regnauld-Grelot, d'Ornans, notaire.

CHAPITRE III. — Les chapelains. — Christophe de Rye, marquis de Varambon. — Les bienfaiteurs de Notre-Dame. — Bruits de guerre. — La peste. — Vœu des habitants d'Ornans. — Quatorze cents morts. — La guerre des Suédois. — Notre-Dame au château de Scey. — Pierre et François Martel. — Ornans pillé. — Organisation du culte de Notre-Dame.

(1620 à 1648.)

Quand le nouveau chapelain eut été canoniquement institué, on replaça dans le sanctuaire les objets qui devaient servir à sa décoration. Les peuples, pleins de confiance, manifestaient avec un nouvel empressement leur dévotion envers la Mère de Dieu. La fondation faite par M. Chevroton fut accrue par les libéralités de plusieurs fidèles. Louis Roland donna par testament 50 francs à Notre-Dame des Malades. Un pieux gentilhomme franc-comtois, Christophe de Rye de la Palud, marquis de Varambon, chevalier de la Toison d'or, comte de Varax et de la Roche, etc., vint en dévotion à Notre-Dame et offrit la somme de 50 écus pour la dotation de la chapelle. « Et faisons iceluy don, dit-il, en l'honneur de la Vierge Marie, à ce qu'il luy plaise intercéder devers Nostre Seigneur Jésus-Christ pour la santé et convalescence de Mme la marquise de Varambon, nostre femme et compagne (1). » Il offrit encore un reliquaire d'argent dans lequel fut placée l'image de Notre-Dame de Montaigu. Ce reliquaire, orné des armes de Rye, était « de la haulteur de deux palmes, enrichi de deux anges » qui soutenaient une couronne d'argent posée sur la tête de la Madone (2).

Une foule de bienfaiteurs, des familles les plus distinguées du pays, s'étaient fait un devoir d'honorer la Mère de Dieu et de déposer leur offrande aux pieds de la consolatrice des affligés. Sur les différents inventaires figurent les noms des Perrenot de Granvelle, des Saint-Mauris, des Fauche, des Clément, des Gonzel, des Lallemand, des Gérard, des Monnier, des Daresche, des Verdy, des Roussel, des Doney, etc. Officiers de justice, procureurs, conseillers au parlement, etc., tous apportaient quelque ornement au sanctuaire béni, pour demander une grâce

(1) Donation du 10 décembre 1619, datée du château de Villersexel. (Arch. d'Ornans.) Christophe de Rye était fils de Philibert de Rye et neveu de l'archevêque de Besançon. Son épouse était Mme Eléonore de Chabot.

(2) Inventaires de 1622 et de 1659. Le reliquaire de Christophe de Rye, enlevé à la révolution française, a été remplacé depuis par un reliquaire de même forme, en bois doré, qui est maintenant au petit séminaire d'Ornans.

ou remercier d'un bienfait. Tantôt c'est une belle image « en laquelle sont » dépeints Notre-Dame tenant son petit Jésus, saint François de Paule » et saint Jacques. » Tantôt c'est « une chasuble de satin blanc de Bourges, » avec des passements d'or et d'argent ; » ou bien encore « un beau » missel, sur la couverture duquel est écrit : *Pour la chapelle des ma-» lades*, etc. » Les inventaires mentionnent trente-deux principaux bienfaiteurs qui ont fait des fondations en argent ou en terres à Notre-Dame (1). D'autres faveurs bien plus précieuses vinrent s'ajouter à celles-là. Deux fois le souverain pontife accorda des brefs d'indulgence pour la chapelle de Notre-Dame d'Ornans (2). Les âmes pieuses recueillaient des bénédictions abondantes en venant prier aux pieds de la bonne Mère, et leur reconnaissance lui donnait sans hésiter le nom de *Vierge miraculeuse* (3). Ce nom sans doute n'était point autorisé juridiquement par l'Eglise. Mais la foi populaire n'en trouvait point de plus beau pour signaler les grâces dont cette dévotion était la source, et le *livre d'anniversaires* la désigne ainsi « à raison, dit-il, des miracles qui se sont faicts en » ladite chapelle. »

A cette époque, la Franche-Comté était gouvernée par la fille de Philippe II, l'infante d'Espagne Isabelle-Claire-Eugénie. Cette princesse résidait ordinairement en Flandre. Mais elle aimait notre province, et, sous son gouvernement, le pays jouissait d'une prospérité merveilleuse. Cependant les bruits de guerre venaient quelquefois inquiéter ce bonheur. Le traité de neutralité qui protégeait le comté de Bourgogne jusqu'en 1640, semblait devoir expirer avant cette époque. Aussi les états généraux de la province, assemblés à Dole le 13 janvier 1621, s'étaient occupés d'augmenter les moyens de défense. Le fougueux comte de Mansfeld, un des plus redoutables ennemis de l'empire, s'était cantonné en Alsace, et l'on s'attendait à le voir fondre sur la Franche-Comté. Dans de semblables conjonctures, le premier soin des habitants était de sauver les objets les plus précieux et les plus vénérés, en les transportant dans quelque citadelle inaccessible. Aussi le 8 décembre 1621, le magistrat d'Ornans, considérant que le comte de Mansfeld devait passer dans ce pays, décida

(1) Voir les inventaires de 1622, 1659, 1686 et 1712.

(2) Le premier est mentionné dans l'inventaire de 1619; le second, apporté de Rome par J.-B. Clément, est cité au registre des délibérations du 8 mai 1679. On n'a pu retrouver ces deux brefs.

(3) Une foule de délibérations du conseil d'Ornans désignent Notre-Dame des Malades sous le nom de *miraculeuse*.

qu'on porterait au château de Scey les ornements de l'église, et *le reliquaire de l'image étant à Nostre-Dame.*

Ces craintes ne se réalisèrent pas, et la Vierge de Montaigu continua à être vénérée dans son sanctuaire. C'est là que la paroisse se rendait en procession dans les circonstances où l'on sentait plus vivement le besoin de l'assistance divine. En 1628, « à cause de l'injure du temps et de la » cherté des vivres, le conseil fait vœu d'une neuvaine de processions à » Notre-Dame; chaque jour on y célébrera la messe, et chaque jour aussi » le mayeur offrira un cierge de la pesanteur d'une livre, lequel cierge » brûlera devant l'image de Notre-Dame. Tous les chefs d'hôtel y assis- » teront sous peine de 60 sols (1). »

De son côté, le chapelain François Chapusot mettait ses soins à faire restaurer la chapelle. Il fit en même temps relever les murs du cimetière des pestiférés. C'était, hélas! comme un triste pressentiment du besoin que l'on aurait dans peu de temps de ce champ des morts; car la peste envahissait la province, et bientôt elle devait s'unir à la guerre et à la famine pour faire payer trop chèrement à nos pères les années de paix dont ils avaient joui. Au mois de juillet 1628, le fléau éclate à Morteau. Dans le mois suivant, il paraît aux environs de Lure et à l'Isle-sur-le-Doubs, et le 20 décembre on signale comme suspects de contagion une foule de villages situés à tous les points de la Franche-Comté (2). Au mois de février, Besançon est envahi par le fléau, qui dès lors ne s'arrêtera plus. Le parlement ordonne des mesures sanitaires. Mais on sent que le mal est plus puissant que tous les efforts humains, et c'est à Dieu qu'il faut recourir. Les Etats assemblés à Dole émettent, au nom de la province, un vœu solennel dans la chapelle de l'Hostie miraculeuse. Ils exhortent en même temps les mayeurs des villes à faire prononcer de semblables vœux. Les habitants d'Ornans étaient trop religieux pour ne pas répondre à cet appel, et c'est encore Notre-Dame des Malades qu'ils invoquèrent comme médiatrice dans cette grave circonstance.

Cette touchante cérémonie eut lieu le jour de Pâques, 15 avril 1629, en présence de toute la population réunie dans l'église paroissiale. Le mayeur de la ville, Pierre Mercier, docteur ès droits, était assisté des échevins, jurés et notables, qui tous venaient de recevoir la sainte com-

(1) Délib. du 22 juillet 1628.

(2) Morteau, Avoudrey, Audelange, Rochefort, Malange, Bard, Mutigney, Nans, Bresilley, Champagney. (Délib. du 20 décembre 1628, 15 février 1629.) Voyez aussi les *Annales des épidémies en Franche-Comté*, par le Dr Perron, pages 7 et suiv.

munion. Il s'avance au pied de l'autel, en présence du saint sacrement, que tenait entre ses mains le curé de la paroisse, et prononce au nom de tous les habitants, ce vœu solennel que nous rapportons dans sa noble simplicité (1) :

« Miséricordieux Seigneur, Dieu tout-puissant, à qui toutes choses sont cogneues et manifestes, Nous, habitans de la ville d'Ornans, prosternez devant vos pieds avec austant d'humilité qu'il nous est possible, confessons les crimes et péchez par lesquels vous avons offencé mortellement jusques à l'heure présente. Nous avons péché au ciel et devant vous, Seigneur, et ne fusmes pas dignes d'estre appelez vos enffans, nous estans faicts indignes du ciel et de la terre pour vous avoir provocqué à courroux ; mais, hélas! nous repentons et vous crions mercy. Exaulcez, s'il vous plaist, nos humbles prières et le vœu solemnel que nous fesons présentement à vostre divine majesté, à ce qu'il luy plaise nous vouloir délivrer des fléaux rigoureux de vostre divine justice dont nous sommes menacez.

» A cest effet Nous supplions l'empérière des anges et la princesse du paradis, la glorieuse Vierge Marie, qui nous a par cy devant tant conféré de graces en la chappelle érigée en son nom, rière nostre territoire, dicte la chappelle des Malades, vouloir continuer envers nous ses bénignes faveurs, suppliant son cher Fils qu'il ne regarde point aux péchés que nous avons faicts contre sa divine majesté, mais aux douleurs amaires qu'il a voulu souffrir affin de délivrer nos âmes criminelles de la captivité où elles estoient réduictes.

» Et pour ce, venons et promettons à Dieu de, au plus tôt, visitter ladite chappelle en procession générale, et y faire dire le divin service et aultres prières, et ouffrir à l'image miraculeuse y estant un cierge de la pesanteur de cinq libvres, en l'honneur et commémoration des cinq playes du sainct crucifix, affin qu'elle daigne nous prendre en sa protection et saulvégarde, et nous délivrer des maladies et aultres misères et calamittez qui nous affligent. »

Tel fut l'engagement public de la ville envers la divine Auxiliatrice des affligés. Le mayeur y ajouta le vœu de solenniser la fête de saint François de Paule, et de faire une procession générale à l'église des minimes, pour prier le saint « d'avoir en particulière recommandation cette » ville, la première qui ait reçu les religieux de son ordre en cette pro-

(1) Il y a quatre exemplaires de ce vœu aux archives d'Ornans, deux sur parchemin, un au livre d'anniversaire, et un au registre des délib., 7 avril 1629.

» vince (1). » Il renouvela ensuite les anciens vœux à saint Sébastien, à saint Roch et à saint Laurent, « nostre glorieux patron, dit-il, la lumière » des martyrs et l'honneur des saincts, en qui nous avons tousjours » nostre fiance et espérance, qu'il n'oblie point nostre pauvreté, nos mi- » sères et nos afflictions, et qu'il ne désiste de prier la divine majesté » qu'elle nous soit pitoiable et débonnaire. »

Cette prière respire un mélange d'espérance et de tristesse, de confiance et de résignation. C'est qu'en effet le fléau terrible étendait ses ravages, approchant de plus en plus de la ville d'Ornans, et si les habitants avaient foi dans la miséricorde divine, ils n'osaient cependant se promettre un miracle. Ils recueillaient avec anxiété tous les bruits sinistres que leur apportait la renommée. C'était l'unique préoccupation des citoyens; c'était l'objet des délibérations du conseil, qui enregistrait tous les noms des villes et des villages signalés comme envahis par la peste (2).

Trois ans s'écoulèrent cependant sans que la contagion, répandue partout, eût atteint la ville consacrée à Marie. Le fléau était aux portes. Mais le danger rend la foi plus vive, et en 1632, le conseil décide qu'on fera deux processions, l'une à Notre-Dame des Malades, l'autre aux minimes, « pour remercier Dieu, qui nous a délivrés par l'intercession » de la glorieuse Vierge et de monsieur saint François de Paule (3). » Cette confiance s'accrut encore pendant les quatre années qui suivirent. La peste ravageait la région des hautes montagnes : Orchamps-Vennes, Bonnétage, les Fontenelles, etc., comptaient de nombreuses victimes. A Besançon, le mal sévissait dans la ville et dans les communautés religieuses. Une femme y était même morte sur la place publique. Néanmoins, les fidèles d'Ornans espèrent, contre toute espérance, d'être préservés par l'intercession de Notre-Dame, « comme jusqu'ici on l'a été » miraculeusement (4). » Hélas! le miracle que Dieu faisait pour eux, c'était de ranimer dans leurs âmes cet esprit de foi qui devait être leur dernière ressource au milieu des maux qui leur étaient réservés; car le fléau était si près de la ville qu'il ne pouvait manquer d'y pénétrer. Charbonnières, Saules, Bolandoz, étaient envahis (5). Enfin la peste éclata à Ornans au

(1) En 1605, délib. du 27 juin.

(2) Délib. des 20 et 29 avril, 8 juin, 24 juillet 1629, 24 janvier, 6 juillet 1631.

(3) Délib. du 8 juillet 1632.

(4) Délib. du 16 juillet 1633, 28 février 1634, 15 février, 11 juillet, 7 et 14 août, 11 octobre 1635.

(5) Délib. du 30 octobre 1636.

mois d'octobre 1636, et Dieu, qui jusqu'alors avait préservé cette ville, l'éprouva d'une façon bien terrible. Sous les coups de cette justice d'en-haut à laquelle l'homme ne saurait se dérober, les malheureux habitants s'inclinèrent avec une douloureuse résignation. Pendant six mois, le fléau dépeupla toutes les rues; quatorze cents personnes périrent. Les autres cherchèrent un refuge dans les forêts, dans les villages et les châteaux voisins. Il ne resta que quelques centaines d'habitants dans la ville (1).

Au milieu de ces tristes événements, le culte de Notre-Dame apportait cependant quelques consolations aux malheureux habitants d'Ornans. C'était pour eux la Mère des douleurs, la Vierge de pitié, la Consolatrice des affligés. Mais la statue miraculeuse de Montaigu n'était plus dans la chapelle des Malades; car la peste n'était pas le seul fléau qui désolait le pays. Au mois de mai 1635, Richelieu avait ouvertement déclaré la guerre à l'Espagne. La Franche-Comté est envahie l'année suivante par les Français et leurs alliés. Condé passe la Saône et vient former le siége de Dole, qu'il devait attaquer inutilement. Les habitants d'Ornans, craignant pour leur ville, transportent au château de Scey les reliquaires de leur église et en particulier celui de Notre-Dame de Montaigu (2). Ces objets précieux furent déposés dans la tour Saint-Denis, dont on mura la porte. Ils y restèrent jusqu'à l'année 1637. Alors, le comte de Saint-Amour voulant entrer au château de Scey, les reliquaires d'Ornans, parmi lesquels était la châsse d'argent de Notre-Dame, furent transférés à Chateauvieux (3).

Le chapelain, François Chapusot, résidait toujours auprès du sanctuaire de la Vierge. En considération de sa vieillesse, le conseil lui avait

(1) On lit dans le registre des naissances de 1634 à 1700 le texte suivant, qui est l'acte mortuaire de ces malheureuses victimes : « Non mireris, pie lector, si multa desint nomina à mense octobri anni 1636 usque ad annum 1639. Eo enim temporis intervallo, ecclesia Ornacensis ter mutavit rectorem suum. Adde quòd, tum propter pestem, tum propter varias incursiones, incolæ partim in sylvas, partim in castella, partim in urbes viciniores se multoties receperunt. In tantum siquidem in hâc urbe invaluit pestis anno 1636, ut, sex mensium spatio, quadringentos super mille incolas deleverit; quo tamen meliori ordine et diligentiâ fieri potuit, ea quæ ex fragmentis colligi potuerunt nomina hic descripsit Joannes Chandeleuse, curatus. »

(2) Délib. des 25 avril et 25 mai 1636.

(3) Délib. des 21 et 30 août 1637. — Les restes de la tour Saint-Denis sont les débris les mieux conservés de l'ancien château de Scey. Ils se dressent encore de toute leur hauteur au milieu des ruines, et se soutiennent sans le secours d'aucun bois de charpente.

donné, en 1634, pour coadjuteur, Pierre Martel, d'Ornans, dont la probité, la vertu et le mérite étaient connus de tous. Martel exerça les fonctions de chapelain pendant trois ans. Il fut témoin de toutes les désolations causées par la peste de 1636, et en 1638 il résigna sa charge en faveur de son frère, François Martel, qui fut dès lors le seul chapelain titulaire. Ces deux frères résidèrent ensemble auprès du sanctuaire de Notre-Dame jusqu'au jour où l'aîné, Pierre Martel, périt victime d'un attentat dont on n'a jamais connu l'auteur (1).

Cependant la guerre continuait à désoler le pays. Bernard de Saxe-Weymar parcourait la province à la tête de ses féroces soldats, si connus dans notre histoire sous le nom de *Suédois*. Les habitants d'Ornans, affaiblis par les désastres précédents, redoutaient les cruautés de cet ennemi. Ceux qui auraient dû soutenir les autres manquèrent de courage. Le mayeur, François de Chassagne, plusieurs échevins et notables, se retirèrent à Besançon. D'autres avaient fui jusqu'en Suisse et en Savoie. Quand le colonel suédois Rosen arriva à Ornans (1639), tous les habitants s'étaient réfugiés au château. La ville déserte fut pillée, et les habitants durent payer une rançon pour obtenir que l'ennemi s'éloignât de leurs murs (2). Quand le peuple rentra dans ses demeures désolées, tout lui manquait, et même les solennités religieuses célébrées chaque année sous le nom de *stations*, et dans lesquelles il trouvait quelques consolations dans ses maux, furent interrompues cette fois *à cause de la guerre* (3).

Mais il trouvait au moins quelque soulagement à prier aux pieds de la bonne Mère des affligés. Sa statue vénérée avait été rapportée dans son sanctuaire. Son culte, autorisé par Ferdinand de Rye, le fut encore en 1640 par Claude d'Achey, archevêque de Besançon. Ce prélat obligea les familiers d'Ornans d'assister, avec le curé de la paroisse, aux prières publiques qui se faisaient devant l'image de Notre-Dame, « pour les né» cessités présentes (4). » La guerre, en effet, n'était pas finie, et Ornans

(1) En 1652, le cadavre de Pierre Martel fut trouvé au milieu de la Loue. Les habitants d'Ornans furent accusés auprès du parlement d'être les auteurs de sa mort. Mais l'accusation ne put être prouvée. (Délib. de 1652.)

(2) Délib. du 16 février 1639. — Livre de comptes de 1641, fol. 116. — *Annales franc-comtoises*, I, p. 488.

(3) Délib. du 29 novembre 1639. — L'usage de faire prêcher les stations d'avent et de carême par un prédicateur jésuite, capucin, jacobin, chanoine, etc., subsista à Ornans jusqu'à la révolution.

(4) Requête de Jean Chandeleuse, 1640 ; inventaire des titres curiaux, page 42.

devait encore en éprouver les suites. En 1641, le vicomte de Courval, à la tête d'un parti français, se jette sur cette ville et s'y montre plus dur que le Suédois Rosen. Les maisons furent pillées, l'église *polluée et exécrée* (1), 300 hommes, *tant de cavalerie que d'infanterie, commirent plusieurs meurtres*, et la chapelle de Notre-Dame n'échappa point aux invasions de l'ennemi. Mais enfin les Français s'éloignèrent le 18 juin, et l'année suivante, à pareil jour, les fidèles d'Ornans faisaient une procession générale à Notre-Dame des Malades « pour remercier, disent-ils, la divine » bonté de les avoir garantis et délivrés, à tel jour de l'an dernier, de » la partie française venue en cette ville, et pour le prier de nous en » préserver cy-après (2). »

Leur vœu fut exaucé. L'ennemi ne revint plus. Mais il laissait derrière lui bien des misères dont la ville ne se remit que lentement. Cependant les fléaux qui avaient pesé pendant plus de dix ans sur la Franche-Comté semblaient diminuer d'intensité. La peste avait disparu, et la guerre, quoique encore vive sur quelques points, touchait à son terme. On commençait, sinon à se reposer, du moins à espérer un peu, et les yeux fatigués des tristes réalités de ce monde se tournaient vers le ciel. L'archevêque Claude d'Achey, dont la piété était si tendre, venait de donner un grand exemple de confiance en la Mère de Dieu. Le 13 septembre 1642, par un vœu solennel, il avait consacré sa ville épiscopale et son diocèse *à la Vierge immaculée*. La cour du parlement avait participé à ce grand acte de piété, qui ranima l'espérance dans les âmes. Elle en donna connaissance à toute la province, et ses *lettres missives* furent lues au conseil d'Ornans le 25 novembre et accueillies avec respect et confiance. C'était un motif de plus pour les Ornanais d'accroître encore le culte, si populaire parmi eux, de Notre-Dame des Malades.

La chapelle, qui avait souffert des invasions ennemies, est réparée convenablement. On stimule le zèle du chapelain, François Martel, dont le courage n'avait pas été à la hauteur des circonstances difficiles qu'il avait traversées. Mgr Saulnier, évêque d'Andreville et suffragant de Besançon, se rend à Ornans, sa patrie, en 1646, pour réconcilier l'église paroissiale et visiter la chapelle de la Vierge. C'est chez lui, dans son logement de l'abbaye de Saint-Vincent, qu'on avait transporté depuis quelques années les reliquaires précieux de sa ville natale et en particulier la châsse de Notre-Dame. L'année de son voyage à Ornans, plusieurs

(1) Lettre autographe de Mgr Saulnier, aux arch. d'Ornans. Mgr Saulnier était d'Ornans.
(2) Délib. du 18 juin 1642.

de ces *sanctuaires* y furent rapportés. Mais on attendit que la chapelle des Malades fût entièrement réparée pour y transférer l'image miraculeuse. Cette translation eut lieu en 1647, et la châsse vénérée fut confiée, comme autrefois, à la garde du chapelain. L'année suivante, 1648, elle fut apportée solennellement, au mois de juillet, sur l'autel de l'église paroissiale, pour y être exposée pendant huit jours à la vénération publique (1). Le conseil, en demandant cette faveur pour la ville, observe que cela « ne s'étoit pas fait du passé. » C'était la première fois qu'on exposait Notre-Dame de Montaigu dans l'église de la paroisse. Ce fut le commencement d'une organisation nouvelle donnée au culte de la Madone. Dès lors, chaque année, l'image miraculeuse fut portée solennellement de sa chapelle à l'église de Saint-Laurent, et le peuple était invité à y faire une neuvaine de prières. Le jour où se faisait cette translation, la grosse cloche annonçait la procession générale, à laquelle devaient concourir le clergé paroissial et les familiers. Quelquefois tout le peuple devait y assister avec dévotion, *à peine de correction exemplaire*. Les filles y étaient vêtues de blanc; les marchands et les artisans devaient fermer boutique sur le passage de la procession, *à peine de 60 sols d'amende*; on chantait en traversant la ville, et quelquefois tout le long du chemin. Quand on arrivait à Notre-Dame, le chapelain remettait l'image entre les mains du curé. De retour à l'église, on plaçait la châsse sur l'autel, où elle devait rester neuf jours, pendant lesquels il y avait messe le matin et litanies le soir. Les fidèles s'organisaient par dizaines pour aller d'heure en heure prier devant la Madone. Le matin on carillonnait pendant les messes célébrées devant Notre-Dame, et le soir, après les litanies, on bénissait le peuple avec l'image. Toutes les fois qu'on la transportait, elle était accompagnée de deux flambeaux fournis par la ville (2). Ces pieux usages durèrent jusqu'à la révolution française, et les derniers demeurants de ces temps déjà éloignés se souviennent d'avoir assisté à ces neuvaines en l'honneur de Marie, qui se faisaient généralement pendant la saison d'été (3).

(1) Délib. des 3 et 25 avril, 7 août 1644, 23 juillet 1646; comptes de 1647, fol. 27.

(2) Ces usages sont indiqués dans une foule de délibérations, de 1652 à 1763. Dans cet espace de temps on compte 166 neuvaines mentionnées aux registres, et faites par le peuple d'Ornans en l'honneur de Notre-Dame. Un mémoire de M. Trouillet, curé d'Ornans en 1762, dit que « les congrégations des hommes, des garçons et des filles, vont en procession à la chapelle quand la paroisse va chercher processionnellement l'image miraculeuse. »

(3) Témoignage de M. Hanriet, ancien curé de Fertans, né en 1772.

CHAPITRE IV. — Pieux usages à Notre-Dame. — Dévotion du magistrat. — La première conquête de Franche-Comté. — Délivrance. — Procession à Besançon. — Célébrité de Notre-Dame. — Les troupes du comte de Grammont. — Soumission de la Franche-Comté par Louis XIV.

(1648 à 1674.)

La piété est utile à tout, dit l'Apôtre. C'est elle qui élève les âmes par la prière et les met en communication avec Dieu pour attirer sur elles ce secours d'en-haut qu'on appelle la grâce. Mais Dieu nous a enseigné à lui demander aussi les bénédictions de la terre, la pain quotidien qui nous nourrit et la délivrance des maux qui nous affligent. C'est là ce que les fidèles venaient souvent demander au Ciel auprès du sanctuaire de Notre-Dame des Malades. On avait recours à elle dans *toutes les nécessités*, comme s'exprime le magistrat d'Ornans. On la bénissait dans la joie, on l'invoquait dans la tristesse. En 1648, on y fait une procession générale à l'occasion du traité de paix de Münster, qui rend la tranquillité à la province. Quand des pluies prolongées compromettent les récoltes, on a recours à l'intercession de Notre-Dame. La procession générale se met alors en marche à six heures du matin. On rapporte la châsse à l'église paroissiale ; tout le peuple y assiste, et l'image miraculeuse reste exposée pendant neuf jours. Quand les froids si redoutés d'avril font craindre pour les vignobles, c'est encore auprès de la Madone qu'on va implorer la miséricorde divine, et quatre flambeaux sont allumés devant la sainte image, pendant la neuvaine, comme un symbole de la prière fervente (1).

Lorsque la foudre gronde, que la tempête mugit, que le sol tremble et que la grêle menace de détruire les fruits de la terre, on tourne les regards vers celle qui est le secours des chrétiens. Tous les bourgeois de la ville sont avertis de se trouver à l'église paroissiale, où l'on doit chanter, trois jours de suite, les litanies devant la sainte image, « pour apai- » ser l'ire de Dieu, qui semble montrer des marques de sa colère par les » tremblements de terre et par la mortalité du bétail (2). » Quelquefois c'est jusqu'à la chapelle même qu'on se transporte pour implorer le secours du Ciel par un *triduum* de prières. Là « le magistrat en corps as- » sistera à la messe qui se dira à la chapelle de Notre-Dame des Ma-

(1) Délib. des 18 juillet 1648, 19 juillet 1652, 21 avril 1663.
(2) Délib. du 24 mai 1682.

» lades, et là tous communieront en corps. » Le peuple est invité aussi à se confesser et à communier, « afin que ses prières soient tant plus » agréables à Notre Seigneur, et qu'il puisse tant plus tôt en obtenir les » effets (1). »

D'autres misères venaient encore chercher leur soulagement auprès de la Vierge de Montaigu. En 1660, le conseil mentionne les *possédés* qui sont venus du dehors faire une neuvaine à Ornans, « par la dévotion » qu'ils avoient à l'image miraculeuse de Nostre-Dame. »

Selon l'esprit du temps, c'est le magistrat de la ville qui organise toutes ces manifestations religieuses. Il indique le jour des processions, la marche qu'elles doivent suivre, la solennité qu'elles doivent avoir. Il invite les citoyens à la prière et à la réception des sacrements. Il réprimande même le clergé et les chapelains lorsqu'ils ne lui paraissent pas assez zélés pour le culte de Notre-Dame. C'est lui qui, « sur placet présenté au conseil, » permet, bien rarement, au chapelain de porter l'image miraculeuse aux malades détenus dans leur lit, quand ils ont « dévotion particulière de veoir et baiser ladite image (2). » C'est le magistrat qui veille à la conservation et à la réparation du sanctuaire bien-aimé. Après le départ des Suédois, il *rempièce* la muraille de la chapelle. En 1655, il autorise le chapelain à faire une quête pour remplacer l'ancienne cloche qui a été volée. En 1661, il fait faire « un trely » de fer à l'armoire de la chapelle, pour y loger avec sheurté l'image » miraculeuse, ainsy qu'elle estoit devant les guerres (3). » Enfin il profitait du calme de la paix pour réparer le mal qu'avaient causé au pays les alliés de Richelieu. Malheureusement, cette paix ne devait pas durer; La France convoitait toujours notre province, et en 1668, les soldats de Louis XIV venaient la conquérir pour leur maître sous la conduite de Condé.

Aux premiers bruits de guerre, le magistrat d'Ornans fit transporter à Besançon les reliquaires et les titres de la ville, qui furent déposés à l'abbaye de Saint-Vincent. On pensait que la province saurait résister énergiquement aux armes de Louis XIV, comme elle avait résisté à celles de Richelieu. Mais, la trahison aidant, la conquête de la Franche-Comté fut l'œuvre de quelques jours. Le grand Condé entrait à Besançon le 7

(1) Délib. du 21 juillet 1663 et 1669

(2) Délib. du 20 septembre 1670.

(3) Cette grille de fer, pesant 281 livres, était garnie en dedans d'une platine de fer, afin que l'image fût plus assurée, tant on craignait qu'elle ne fût enlevée !

février, et les autres places de la province firent à peine quelque résistance. Un parti puissant, gagné par l'or du grand roi, donnait la main à la France. Cependant le peuple tenait du fond de son cœur à l'Espagne. Les habitants d'Ornans en particulier étaient vivement attachés à leur souverain légitime. Aussi leur joie éclata lorsque, quelques mois plus tard, le 2 mai de la même année, le traité d'Aix-la-Chapelle rendit la Franche-Comté à l'Espagne. Ils accueillirent la retraite des Français par des fêtes et des réjouissances, et songèrent aussitôt à ramener dans leur ville les objets précieux et sacrés déposés à Besançon, parmi lesquels se trouvait la châsse de Notre-Dame des Malades.

Le 13 juin, le mayeur d'Ornans repésente au conseil que « ceste ville » se voyoit à présent delibvrée, avec toute la province, par une faveur » toute particulière du Ciel, de la domination estrangère, soubs laquelle » elle étoit malheureusement tombée, et heureusement rendue à son » unique et légitime prince, le très auguste roy d'Espagne. » Il invite le magistrat « de vouloir ordonner les prières publiques auxquelles il » estoit obligé en actions de grâces d'un bonheur si grand et d'un » changement si advantageux. » Le conseil reconnaît d'ailleurs que « l'obligation d'un si grand bien doibt estre rapportée à la bonté du Tout- » Puissant et à la singulière protection de la très glorieuse Vierge sur » ceste province. » En conséquence, on décide que « pour tesmoigner la » grande joye que ceste ville reçoit de se reveoir soubs la douce domina- » tion de son premier monarque, » on fera une procession générale à Besançon pour en rapporter les rcliquaires qui y sont déposés. On devait les aller prendre à l'église de l'abbaye de Saint-Vincent, et de là se rendre processionnellement à Saint-Étienne, « où sera portée l'image mi- » raculeuse de la glorieuse Vierge appartenant à ceste ville d'Ornans, » pour célébrer le plus solennellement qui se pourra une grand'messe à » l'autel du Saint-Suaire. » Le second échevin de la ville fut aussitôt député auprès de l'archevêque Antoine-Pierre de Grammont, qui approuva le dessein des habitants d'Ornans.

Dans la journée du 21 juin 1668, la procession, composée des habitants d'Ornans et de onze villages voisins (1), se mit en marche pour

(1) Montgesoye, Vuillafans, Scey, Cléron, Vésigneux, Longeville, Reugney, Chantrans, Villers, Tarcenay, Trepot. Les villages de Mouthier, Lods et Saint-Hippolyte se sont excusés. Le magistrat d'Ornans, dans les lettres d'invitation, s'engageait à payer un quart d'écu par tête pour faire « dîner honorablement les ecclésiastiques étrangers qui viendront à la procession. » (Délib. du 18 juin.)

la ville métropolitaine. Tous les bourgeois avaient reçu l'ordre d'y envoyer au moins une personne de chaque maison, « particulièrement le » chef d'hostel de chascune. » Arrivé à Besançon, le cortége fut reçu par les délégués de la ville. Le vin d'honneur fut envoyé au mayeur d'Ornans par le sieur de Septfontaines. Le lendemain, dès le matin, la procession s'organisa dans l'église des bénédictins de Saint-Vincent, où se trouvaient les reliquaires. Le *confanon* était porté par Georges Jobard, et la croix par frère Antoine, ermite de Saint-Roch (1). On voyait figurer « les sergents en manteaux ornés de rubans. » Le clergé paroissial et les familiers portaient les chapes et grands manteaux fournis par les bénédictins de Saint-Vincent. Les musiciens de Besançon accompagnaient le cortége (2), qui se rendit en grande pompe à l'église Saint-Etienne. Grâce à l'intervention du chanoine Perrinot, on avait obtenu la permission de célébrer la messe solennelle dans la chapelle du Saint-Suaire, « pour don» ner à tout le peuple une entière consolation et satisfaction. » L'image miraculeuse de Notre-Dame de Montaigu fut déposée sur l'autel pendant le saint sacrifice, et entourée de « huict flambeaux de cire blanche. » Les Ornanais, gracieusement accueillis par le chapitre de Saint-Etienne, sollicitèrent l'insigne faveur de l'ostension du saint Suaire. Mais cette grâce ne leur fut point accordée. Après la messe, la procession se remit en route pour Ornans. Les reliquaires et les titres de la ville furent placés sur une voiture que le cortége entoura pendant la marche, et à l'arrivée, la châsse de Notre-Dame fut réintégrée dans son sanctuaire.

De telles manifestations devaient augmenter l'amour des fidèles pour le culte de la Mère de Dieu, et attirer de nouveaux pèlerins à sa chapelle. Aussi le nom de Notre-Dame des Malades commençait à se répandre au loin, et les auteurs en faisaient mention dans leurs livres. Dès 1630, le P. Poiré, dans la *Triple Couronne de la Mère de Dieu*, citait Notre-Dame d'Ornans comme un sanctuaire *renommé dès longtemps*. Jacqueline de Blémur, dans les *Grandeurs de la Mère de Dieu* (3), disait que « ce sanctuaire est si célèbre que tout le monde le connaît. » En 1651, dom Gody comptait Notre-Dame des Malades au nombre des chapelles « les plus fameuses en merveilles, et longtemps fréquentées des peuples

(1) L'ermitage de Saint-Roch est situé vis-à-vis la chapelle des Malades, sur les bords de la Loue. Les ermites y tinrent longtemps une école.

(2) On donna 35 fr. aux musiciens qui avaient joué pendant la procession, et 4 fr. et demi à l'organiste de Saint-Etienne. Voir les délib. des 13, 18 et 25 juin 1668.

(3) 2 vol. in-4o, imprimés en 1681.

voisins (1). » Elle ne fut pas oubliée non plus dans le poëme que publia, en 1701, messire Cl.-Fr. Doyen, curé de Trévillers, sous le titre d'*Histoire de Notre-Dame des Ermites*. Il en parle en ces termes :

Une autre dans Ornans est aussi singulière,
Où plusieurs ont trouvé leur guérison entière.

Ce culte s'introduisit jusqu'au foyer domestique. Dès l'an 1670 les images de Notre-Dame des Malades étaient répandues dans les maisons, et son invocation se mêlait aux prières communes qu'on faisait dans les familles. La moindre profanation commise à son sanctuaire excitait la douleur ou l'indignation publique, comme le prouve le fait suivant.

L'exemption de logements militaires était une des franchises dont jouissait la ville d'Ornans, et qu'elle estimait au plus haut prix, parce que les souverains lui avaient accordé cette faveur comme une reconnaissance de sa fidélité et de son dévouement (2). Mais ces franchises furent violées plusieurs fois. Ainsi en 1672, les troupes du comte de Grammont logent à Ornans et y commettent de grandes violences. Le magistrat, poussé à bout, se plaint amèrement au gouverneur de la province, Hieronymo Quiñones : « On a robbé, dit-il, des linges et fines nappes de la mère église, vollé le tronc des RR. PP. minimes, et dérobé l'image d'un crucifix. » Puis il ajoute ces paroles, qui sont l'expression d'une douloureuse tristesse : « Les soldats *n'ont pas même épargné* la chapelle où repose l'image miraculeuse de Notre-Dame des Malades, puisqu'on a voulu forcer la porte. » Ainsi, pour les habitants d'Ornans, la paix ne valait quelquefois guère mieux que la guerre. Et cependant, ils étaient inébranlables dans leur fidélité au roi d'Espagne. Quand le bruit d'une nouvelle invasion des Français en Franche-Comté se répandit, au commencement de l'année 1674, le conseil ordonne aussitôt qu'on ira *quérir* l'image miraculeuse pour l'exposer à l'église paroissiale, et que, pendant trois jours, on célébrera la messe et on chantera les litanies « pour implorer le secours » de Nostre-Dame envers la divine majesté, dans les malheurs dont la » province est menacée, afin qu'il luy plaise conserver ceste province » soubs l'auguste domination de son souverain (3). »

Mais la Providence en avait décidé autrement. Il fallut se soumettre à

(1) *Histoire de Notre-Dame de Mont-Roland*, pag. 16. D. Cody était d'Ornans.

(2) Ces franchises furent confirmées en particulier par Charles le Téméraire, qui, par lettres de Malines du 30 juillet 1473, défendit à tous chefs et conducteurs de ses troupes de loger à Ornans.

(3) Délib. des 7 février et 27 mars 1674.

la loi du vainqueur. Le 22 mai, Besançon et sa citadelle tombaient au pouvoir de Louis XIV. Ornans essaya vainement de résister encore. Sa vaillante garnison défendit le château contre les attaques du duc de Luxembourg. Enfin, il fallut se rendre, et au mois de juillet 1674, la conquête était consommée, et le comté de Bourgogne définitivement réuni à la France.

Ce nouvel état ne changea rien au culte affectueux des Ornanais envers la Mère de Dieu. « L'union des Franc-Comtois avec la France, dit un historien de Notre-Dame (1), sans altérer leur ancienne piété, a donné comme un nouveau lustre aux qualités naturelles dont ils sont doués, en leur offrant un plus grand théâtre, et en les plaçant sous un jour plus avantageux. Par cette heureuse réunion, leur langage est devenu plus poli, leur société plus douce, leurs manières plus liantes, leurs modes plus élégantes, leur littérature plus délicate, leur milice plus exercée, leur commerce plus étendu, leur liberté plus bornée peut-être, mais plus tranquille; et cependant leur religion, toujours pure, n'a été ni moins soumise, ni moins inaccessible à ces sectes hérétiques dont ils sont comme investis. Espagnols ou Français, toujours on les a vus, sous l'une ou l'autre domination, chrétiens édifiants, catholiques fidèles, vrais enfants de Marie et zélateurs ardents de son saint culte. »

CHAPITRE V. — Othenin Clément. — Les chevaliers de Saint-Lazare. — Pierre Gonzel. — Marc Plantamour. — Le comte de Grammont. — Confréries d'Ornans. — Les derniers chapelains. — M. Trouillet. — Le nouveau reliquaire.

(1674 à 1865.)

La conquête de la Franche-Comté ne ralentit ni la piété des fidèles envers Notre-Dame ni leur zèle à orner son sanctuaire. Dès l'année 1671, le chapelain, François Morel, s'était retiré à Vuillafans, après avoir exercé ses fonctions pendant trente-trois ans (2). Il fut remplacé par Othenin Clément, qui mit tous ses soins à embellir la chapelle, et fit faire à ses frais un retable *qui lui coûta beaucoup d'argent*. La ville n'avait pu lui donner que trois pistoles pour l'aider dans ses dépenses. Plus tard, elle donna encore 22 fr. 6 gros pour l'embellissement de Notre-Dame. Mais les dons des fidèles suppléaient aux ressources qui

(1) *Histoire de Notre-Dame de Gray*. Besançon, Couché.

(2) Il échangea son titre contre la chapelle de sainte Barbe, à Vuillafans, que lui céda Othenin Clément.

manquaient à la commune. La mère du chapelain, dame Etiennette Saron, offrit un tableau représentant l'adoration des rois mages. D'autres offrandes furent faites par les membres des familles Daresche, Perrinot, etc. Les *ex-voto* suspendus aux murs de la chapelle étaient tout à la fois un ornement du sanctuaire et un témoignage rendu à la puissante intercession de Marie. On en voyait un où était « dépeinte l'image miraculeuse de Notre-Dame avec la châsse, et un malade dans son lit. » Les autres, entourés de cadres dorés, rappelaient aussi des grâces obtenues (1).

Les revenus du bénéfice augmentaient. En 1676, Claude Dubief avait obtenu le droit de demeurer jusqu'à sa mort dans le logement du chapelain, et en reconnaissance, il avait donné tous ses biens à Notre-Dame (2). Le bénéfice comprenait alors plusieurs pièces de terre, cinq vignes, quatre champs, deux vergers, une chènevière, un jardin, trois prés, une maison de pierre et de bois située au Château, sans compter les propriétés qui entouraient la chapelle, et la moitié des offrandes faites à Notre-Dame. En 1681, Hugues Perrinot, d'Ornans, prieur de Saint-Point, fonde au nom de son père, Etienne Perrinot, avocat au parlement, une neuvaine de messes basses à la chapelle des Malades, avec *Salve, Regina*, à la fin de chaque messe. Il donne pour cette fondation six francs, payables annuellement par le receveur des deniers publics d'Ornans (3).

Mais il semblait écrit que le sanctuaire de Notre-Dame ne devait jamais rester en paix. De nouvelles contrariétés lui furent suscitées par les chevaliers de Saint-Lazare. Cet ordre hospitalier avait été réuni, dès l'an 1607, à l'ordre royal et militaire de Notre-Dame du Mont-Carmel, et Louis XIV lui avait transféré toutes les propriétés et revenus des anciennes léproseries. Il se mit donc en mesure de les revendiquer, et, en 1686, les chevaliers firent valoir leurs prétentions sur la chapelle de Notre-Dame des Malades et ses dépendances. Le chapelain fut assigné à comparaître devant la chambre royale de Paris, pour se voir condamner à relâcher son bénéfice, et à en restituer tous les fruits et revenus perçus depuis vingt-neuf ans. La chambre le condamna à se désister complétement en faveur de l'ordre de Saint-Lazare. Le conseil d'Ornans, auquel cet arrêt fut transmis, décida que, « vu l'importance de l'affaire, « on irait

(1) Délibérations des 17 et 19 juin 1672, 12 avril 1679, 2 avril 1683; inventaire de 1686.

(2) Comptes de 1674. — Délibération du 31 août 1676.

(3) Archives d'Ornans, grosse du 12 mars 1681. Il est dit dans cet acte que la chapelle est érigée *au bas des vignes de Gradion.*

à Besançon consulter des avocats pour aviser aux moyens de se tirer de ce mauvais pas (1). Mais les chevaliers de Saint-Lazare ne perdaient point de temps. Un nommé Grillet, procureur spécial de l'ordre, signifiait aussitôt au chapelain de Notre-Dame d'avoir à quitter sa résidence. Othenin Clément, dont le caractère était peu énergique, se soumit à cette injonction sans tenir compte des avis du conseil, qui l'engageait à rester à son poste afin de pourvoir au moins à la conservation des reliques et ornements de la chapelle, « et particulièrement de l'image miraculeuse de Notre-Dame de Montaigu. »

Dès lors, le magistrat d'Ornans prit énergiquement l'affaire en mains et résolut de se pourvoir contre l'arrêt qui le dépossédait, en soutenant que la chapelle n'était pas de qualité requise à réunion. Une procession générale fut d'abord organisée pour aller à Notre-Dame « requérir l'image miraculeuse, » qui fut déposée dans l'église paroissiale. Le magistrat fit rédiger ensuite un long mémoire pour défendre ses droits contre les chevaliers de Saint-Lazare. Il y fait l'historique de la chapelle, et soutient, en déguisant toutefois un peu la vérité, que l'ermitage de Notre-Dame ne peut être considéré comme une maladrerie, *n'ayant jamais été construit pour y mettre des malades*, mais seulement pour servir de demeure à un ermite ou à un chapelain. Il ajoute qu'une chapelle érigée en bénéfice simple, comme l'est celle de Notre-Dame, ne peut jamais être considérée comme une léproserie, et qu'en conséquence les habitants d'Ornans doivent être réintégrés dans leurs droits.

Ces démarches furent couronnées de succès. L'intendant de la province, M. de Beaulieu, fut informé que les chevaliers de Saint-Lazare se désistaient de l'arrêt obtenu contre Othenin Clément, et que la ville d'Ornans restait en possession de la chapelle. Cette décision fut communiquée au conseil au mois de mars 1687, et Notre-Dame des Malades resta dès lors ce qu'elle était depuis plus de deux cents ans, un simple pèlerinage en l'honneur de la Vierge (2).

Ce procès avait duré plus d'un an. Pendant ce temps, le pèlerinage fut en souffrance. Tous les objets de la vénération publique avaient été transportés dans l'église paroissiale. Le chapelain s'était retiré à Arbois durant les débats, et ne voulait pas revenir malgré la décision favo-

(1) Délibération du 21 octobre 1686.

(2) Les chevaliers de Saint-Lazare essayèrent encore, en 1694, de faire valoir leurs droits sur la chapelle des Malades, mais leur tentative échoua (Délibérations des 2 janvier et 5 février 1694.)

rable obtenue par la ville. Le magistrat exigeait qu'il reprît sa résidence pour veiller à la conservation de l'image miraculeuse, « ainsi que pour » secourir les peuples dans leur dévotion. » On en référa à l'archevêque, et, sur son avis, le chapelain fut considéré comme démissionnaire et remplacé, en 1687, par Pierre-Antoine Gonzel, qui appartenait à une famille noble d'Ornans. Dans la même année, le nouveau titulaire s'étant retiré, ses fonctions furent confiées à un homme qui sut, pendant vingt-cinq ans, se montrer digne du titre de chapelain de la Vierge par le zèle qu'il déploya pour son culte. C'était Marc Plantamour, qui abandonna la cure de Mamirolle pour se retirer auprès du sanctuaire de Notre-Dame des Malades (1).

Il mit la chapelle en bon ordre, fit achever et dorer le retable, réparer la fontaine de l'ermitage, et se montra dévoué à l'œuvre qu'il avait entreprise. Aussi les processions et les pèlerinages reprirent leur cours en l'honneur de celle que le magistrat appelait, dans ses délibérations, *la libératrice ordinaire de ceste ville*. On l'implorait pour qu'elle protégeât les *vignobles*; on la remerciait *des bienfaits reçus dans les moissons*; on reconnaissait que les fruits de la terre avaient été conservés par son intercession, *nonobstant les grandes gelées*; on la priait de préserver la ville *des froides matinées dangereuses*; on l'implorait avec confiance *pour empêcher l'entière perte des fruits grandement endommagés* (2). On continuait à célébrer, dans son sanctuaire, des neuvaines de messes, soit au nom de la ville, soit au nom des bourgeois, et cet usage était si fréquent que les dépenses en étaient prévues et réglées d'avance par le conseil (3). Enfin les fidèles y faisaient célébrer leur mariage, et le chapelain était autorisé à bénir les époux qui venaient mettre leur union sous la garde de la Mère de Dieu (4).

Marc Plantamour avait rempli fidèlement son devoir de gardien de Notre-Dame. En 1708, il craignit que le sanctuaire de la Vierge ne fût violé par les troupes qui étaient sans cesse de passage à Ornans. Les soldats du régiment de Foix, en particulier, commettaient continuellement des désordres dans la ville et les environs. Le chapelain fit donc transporter l'image miraculeuse à l'église paroissiale, et en même

(1) Délibérations de février et octobre 1686, de mars, avril, mai, juin et octobre 1687.

(2) Délibér., *passim*.

(3) Jean Martin, docteur ès droits, y fonde une neuvaine de messes par contrat du 16 janvier 1673.

(4) « M. Perrot de Torpot duxit in uxorem Cl. Liégeon in capellâ divæ Mariæ dicatâ, ministerio D. Plantamour inibi capellani, die 3 apr. 1704. » (Registres de Trepot.)

temps le magistrat informait l'intendant de la province des troubles occasionnés par les troupes. Enfin, après un mois de séjour, ces hôtes turbulents quittèrent la ville, et Notre-Dame de Montaigu fut replacée dans sa chapelle.

En 1712, Marc Plantamour, devenu vieux et infirme, donna sa démission et se retira à Ornans. Les familiers de Saint-Laurent se présentèrent alors pour lui succéder. Mais le poste de chapelain était entouré d'assez de considération pour qu'un personnage important intervînt afin d'y mettre un homme de son choix. Le comte Ferdinand de Grammont, frère de l'archevêque et commandant au comté de Bourgogne, écrivit au magistrat d'Ornans pour lui demander le bénéfice de Notre-Dame en faveur de son protégé, Pierre-Nicolas Jeunet. Outre la bonne conduite et le mérite connu du candidat, M. de Grammont rappelle que Nicolas Jeunet a deux frères qui servent avec distinction dans l'armée, et que s'il le fallait, le ministre, M. Voysin, interviendrait pour appuyer sa demande. Nicolas Jeunet était d'Ornans. Il obtint la nomination qu'on sollicitait pour lui, et fut gardien de Notre-Dame pendant quarante-quatre ans.

Durant son administration, la dévotion des serviteurs de Marie continua à se manifester par les exercices habituels. Les temps étaient plus tranquilles, et la Franche-Comté, devenue définitivement française, gardait fidèlement les traditions de piété, de science et de vertu dont elle avait donné tant d'exemples dans le passé. Elle s'honorait d'avoir produit, dans ce siècle et dans le siècle précédent, un grand nombre d'hommes utiles, qui s'étaient distingués par des services rendus ou par des ouvrages intéressants. La ville d'Ornans pouvait se glorifier d'avoir une bonne part dans cette liste d'hommes honorables (1). Relativement au sujet qui nous occupe, elle avait donné naissance à un pieux panégyriste de la Vierge, dom Simplicien Gody, qui écrivit l'histoire, aujourd'hui encore si recherchée, de *Notre-Dame de Mont-Roland*. Dans une pièce de vers insérée dans cet ouvrage, il invite sa ville natale à s'unir aux autres cités de la province pour célébrer les louanges de la Mère de Dieu. Ornans pouvait en effet compter parmi les villes les plus dévouées à ce culte si doux et si gracieux. Car, outre ce que nous avons

(1) On cite parmi les savants franc-comtois qui ont publié des ouvrages au XVII^e et au XVIII^e siècle, les suivants, qui sont nés à Ornans : Claude Clément, jésuite, professeur de belles-lettres; Eléonor Combette, médecin distingué; l'abbé Millot, historien; Pierre Vernier, inventeur d'un instrument astronomique; Adrien Roussel, professeur de théologie et de mathématiques; Claude Richard, jésuite, savant mathématicien, etc.

raconté de la dévotion à Notre-Dame des Malades, on comptait dans l'église paroissiale quatre chapelles fondées par les bourgeois en l'honneur de la Vierge, sous les noms de Notre-Dame de Pitié, de Notre-Dame Immaculée et de Notre-Dame *del Pilar* (1). La chapelle de Notre-Dame des Sept-Douleurs y avait été fondée et dotée par le cardinal de Granvelle. Sur sa demande, le pape Grégoire XIII accorda à cette chapelle une indulgence plénière pour tous les fidèles qui la visiteraient le jeudi saint, après avoir reçu la sainte communion (2). Les dames de la ville avaient aussi fondé, en 1695, dans l'église des Ursulines, une chapelle et une confrérie en l'honneur de l'Immaculée Conception de la Vierge. Plusieurs autres associations semblables s'étaient organisées parmi les fidèles dans un double but de piété et de charité. En 1704, les hommes mariés forment une congrégation en l'honneur de la Vierge. Les règlements, exécutés avec une rigidité sévère, montrent quels services ces associations pouvaient rendre aux bonnes mœurs. Ainsi un membre de la confrérie convaincu de s'être enivré et querellé se tint pendant deux offices entiers, à genoux, les mains jointes, devant le crucifix, pour faire pénitence de sa faute. Un autre, qui avait injurié son père, subit la même épreuve. Deux confrères, dont l'un s'était masqué le jour de carnaval, et l'autre avait battu un habitant de la ville, obtinrent leur grâce en demandant pardon « devant le corps des officiers. » Cette congrégation était une sorte de justice de paix. Avant d'intenter un procès à un confrère, les congréganistes devaient d'abord porter leurs plaintes au conseil de la confrérie, et presque toujours le différend se vidait à ce premier tribunal (3). Cette pieuse association porta ses fruits, et en 1741, elle était si bien organisée qu'elle obtint de l'archevêque la permission de construire une chapelle spéciale « pour y réciter l'office de la Vierge. » Le magistrat céda dans ce but un assez vaste emplacement « au-dessus des Isles hautes de la ville (4). »

Mais, revenons à Notre-Dame des Malades. Le 2 janvier 1756, le chapelain, Nicolas Jeunet, mourut et fut inhumé dans la chapelle même. Son successeur, Charles-Guillaume Doney, « de bonnes vie, mœurs et capacité, » s'appliqua encore à embellir le sanctuaire de la Vierge et y dépensa plus de deux mille francs en réparations. Pour suffire à ces

(1) Pouillés du diocèse de Besançon.

(2) Archives d'Ornans. Ce bref est de 1578.

(3) Registre de la congrégation d'Ornans, in-folio. Arch. d'Ornans.

(4) Délib. du 9 décembre 1741. D'après le plan, la chapelle devait avoir 70 pieds de long et 35 de large.

dépenses, il recueillait, selon l'usage, les offrandes faites à Notre-Dame.

Ce fut là l'occasion d'un procès suscité par le célèbre curé d'Ornans, M. Trouillet, qui se prétendait lésé dans ses droits sur les oblations de la chapelle. M. Trouillet était estimé dans la province comme érudit et comme homme de lettres. Il se signala par plusieurs travaux historiques présentés aux concours de l'académie de Besançon, et mérita d'être admis dans le sein de cette compagnie. Il faisait partie de cette phalange de prêtres savants à la tête desquels étaient les Bergier et les Bullet, et dont le diocèse de Besançon avait droit d'être fier. Si l'on en croit son ami dom Grappin, M. Trouillet était « bon par caractère, aimable dans la société, dont il faisait l'agrément par sa gaieté décente et par la délicatesse de son esprit (1). » Il n'en est pas moins vrai qu'il fut quelquefois un voisin assez incommode, et les archives de la ville d'Ornans gardent encore les liasses énormes des procès qu'il eut avec les communautés et les habitants de sa paroisse. La question des offrandes faites à Notre-Dame des Malades fut décidée conformément aux règlements anciens. M. Doney continua à remplir avec zèle ses fonctions de chapelain, et nous voyons l'usage des processions et des neuvaines se maintenir à Notre-Dame jusqu'aux approches de la révolution française.

Le dernier chapelain fut Jacques-Joseph Roy, qui mourut en 1793. Il fut témoin de la profanation de ce sanctuaire vénéré depuis tant de siècles. Les propriétés en furent confisquées comme bien national, et la chapelle fut démolie. Les ornements qu'elle renfermait furent dispersés ou vendus. L'antique châsse d'argent, donnée en 1619 par Christophe de Rye, fut enlevée par les agents de la république, ainsi que les objets les plus précieux que renfermait la chapelle. Mais l'image miraculeuse de Montaigu fut heureusement conservée par des mains pieuses, pour être remise en honneur dans des temps plus tranquilles. C'est à Pierre Beaumont, sacristain de l'église paroissiale, que la tradition reporte l'honneur d'avoir sauvé cette statuette. Il avait fait un dessin du reliquaire de Notre-Dame, et comme il s'occupait de sculpture, il fit, en 1794, un reliquaire en bois doré absolument semblable à l'ancien. Il y plaça la statuette de la Madone et la rendit ensuite à l'église paroissiale d'Ornans lors du rétablissement de la religion catholique en France (2).

(1) Eloge de M. Trouillet, séance publique de l'académie du 2 décembre 1809.

(2) Sous le reliquaire, on lit l'inscription suivante : *Le pied a été refait de la sainte Vierge dans l'année 1794. Petrus Beaumont sculpsit.* Ce reliquaire conserve encore la couronne en vermeil soutenue par deux anges au-dessus de l'image miraculeuse, qui a

La révolution n'avait point effacé dans l'esprit du peuple le souvenir du culte traditionnel rendu à Notre-Dame de Montaigu. L'image miraculeuse vénérée depuis deux siècles par nos pères fut replacée avec honneur dans une chapelle de l'église de Saint-Laurent. A toutes les fêtes de la Vierge on l'exposait à la vénération publique. Tous les premiers dimanches du mois, on la portait processionnellement autour de l'église paroissiale. Ce n'était plus sans doute cet enthousiasme religieux qui s'était manifesté autrefois d'une manière si vive, au sanctuaire de Notre-Dame des Malades. Mais les traditions de la piété, brisées par les violences de la Terreur, tendaient à se renouer peu à peu. En 1841, le vénérable curé d'Ornans, M. Bonnet, établit dans son église l'archiconfrérie du cœur immaculé de Marie. Cette pieuse institution ranima le culte de Notre-Dame des Malades. Son image miraculeuse fut exposée régulièrement tous les samedis à la vénération des fidèles. Il en fut de même pendant le mois de mai, et le premier dimanche de ce mois, on reprit l'usage d'aller tous les ans processionnellement porter l'image sacrée sur les lieux où avait été autrefois sa chapelle, pour bénir cette région sanctifiée par les prières de tant de pèlerins.

Une circonstance solennelle vint bientôt donner un nouveau relief à ce culte ancien de Notre-Dame des Malades. Le 8 décembre 1854, Pie IX, entouré des évêques du monde catholique, avait proclamé, au milieu de la joie universelle, le dogme de l'Immaculée Conception de Marie. Les fêtes célébrées à Rome à cette occasion se répétèrent dans tout l'univers chrétien. Ce fut à l'occasion de ce grand acte religieux du souverain pontife, qu'un homme dont la ville d'Ornans a connu le pieux dévouement, M. Charles Guyot de Vercia, voulut donner un insigne témoignage de sa dévotion envers Notre-Dame des Malades. Le reliquaire où reposait l'image miraculeuse ne répondait point à la vénération des siècles passés. Il le remplaça, en 1860, par un magnifique reliquaire d'argent, véritable chef-d'œuvre d'orfévrerie, qui atteste tout à la fois la générosité du donateur et l'habileté de l'artiste (1).

C'est là que repose désormais cet antique monument d'une piété

été remplacée par une statuette moderne. Il est sur un autel de la chapelle du séminaire d'Ornans.

(1) Ce reliquaire est l'œuvre de M. Froment-Meurice, de Paris. Il a 70 centimètres de haut et 16 centimètres de large à la base. Il figure une vigne aux fruits dorés, dont les ceps entrelacés forment des clochetons, des ogives, etc., où reposent quatre colombes les ailes déployées. La statuette a 7 centimètres de haut. La châsse qui la renferme est garnie de cristal et ornée de quatre anges d'argent dans l'attitude de la prière. Sur les

simple et féconde, qui fut pour nos pères la source de bien des consolations au milieu de beaucoup de souffrances. Cette image leur rappelait le doux souvenir de celle dont le culte a toujours été d'une si heureuse influence sur les âmes, en les élevant au-dessus des jouissances matérielles, et si salutaire pour les familles chrétiennes, en y maintenant le triple lien qui doit en relier tous les membres, l'autorité, l'obéissance et l'amour.

quatre faces sont de petits écussons dorés, dont le premier porte le chiffre de Marie, le second, *Fœderis arca,* le troisième, *Turris eburnea,* et le quatrième, *Janua cœli.* Le pied en vermeil sur lequel repose la statuette est garni de pierres précieuses d'une grande beauté. Sur le fond de la châsse sont gravés ces mots en lettres gothiques : *En mémoire de la proclamation du dogme de l'Immaculée Conception,* 8 *décembre* 1854.



BESANÇON, IMPRIMERIE DE J. JACQUIN.

www.ingramcontent.com/pod-product-compliance
Ingram Content Group UK Ltd.
Pitfield, Milton Keynes, MK11 3LW, UK
UKHW022147170726
13837UKWH00004B/1839